HISTOIRE

DU

CURÉ MÉRINO,

CHEF DES INSURGÉS D'ESPAGNE.

JAMAIS HISTOIRE NE FUT PLUS CURIEUSE, COMME
ON VA LE VOIR.

« Don Germino Mérino, plus connu dans la
Vieille-Castille, sous le nom de *el cura de
Villoviado*, est issu d'une famille très-obscure.
Ses parens l'engagèrent à apprendre la langue
latine dans le collége de Lerma ; mais à peine
avait-il commencé sa quatrième, qu'ils le
firent revenir chez eux, et le chargèrent de
mener paître un petit troupeau de chèvres
qui leur appartenait.

» Mérino continua cette occupation pas-
torale du curé de Villoviado. Comme il ne se
trouvait personne pour remplacer ce prêtre,
on lui conseilla de quitter la houlette, et de
se mettre chez un vieux desservant de
Cobarrurias, qui lui apprit les premières
notions du nouvel état qu'il allait embrasser.

Au bout de six mois de leçons, et par la protection de son précepteur, Mérino prit rang parmi les ministres de l'évangile ; mais comme la cure ne lui procurait que de très-modestes bénéfices, et que d'ailleurs il était beaucoup plus propre à courir les montagnes qu'à desservir une église, il recommença son ancien métier de gardien de chèvres, et, dès ce moment, il ne quittait son troupeau que le dimanche, pour aller dire la messe à ses autres ouailles du presbytère.

L'an 1808, quelques compagnies de voltigeurs français en garnison à Lerma, reçurent l'ordre de passer à Villoviado. Mérino était alors fort tranquille chez lui ; mais le hasard voulut que le jour même où la troupe française quittait Villoviado, Mérino sortît pour mener paître ses chèvres, et suivît la même route qu'elle. Chacun chemina d'abord pacifiquement ; mais quelques soldats restés en arrière imaginèrent, soit pour se divertir, soit pour vexer un étranger, de faire porter à Mérino tout leur bagage. Ils s'emparèrent donc de sa personne, le chargèrent de cinq ou six sacs, de sept ou huit fusils, et, avec ce fardeau accablant, lui firent faire, à coups de bâtons, une marche de trois lieues. Il n'en fallait pas tant pour exaspérer un homme tel que Mérino. Celui-ci n'eut pas plutôt été relâché, qu'il emprunta un fusil à un aubergiste de Quintanilla, et s'embusqua au coin d'un bois : à l'entrée de la nuit, il avait déjà tué un courrier français, et s'était emparé de son cheval.

» Une houlette, un fusil de chasse, une paire de pistolets constamment attachés à sa ceinture, un couteau à la grègue, tel est le costume sous lequel apparaît cette figure étrange et presque sauvage. Il était aussi accompagné d'un enfant qu'il disait être son neveu, et qui aujourd'hui, âgé de 25 ans, est lieutenant-colonel de l'armée espagnole, par la grâce de Ferdinand VII. Ces habitudes de vie errante ne tardèrent pas à développer la brutalité de son caractère.

» Il avait deux frères dont nous aurons occasion de parler, et une sœur de la plus grande beauté. Tous les membres de sa famille eurent à souffrir de ses mauvais traitemens. Sa mère, contre laquelle il tourna plus d'une fois ses pistolets, mourut par suite des tourmens et des insultes dont il l'accablait souvent. Son frère aîné, connu par le sobriquet d'*el Majo*, et contrebandier de profession, vint se joindre à lui en 1810, le même jour que Mérino eut une affaire sanglante avec les Français à Almazan, près de Soria. Que croyez-vous que fit Mérino? Craignant que son frère, par sa bravoure, ne fût choisi pour commander à sa place les guérillas du pays, il le fit assassiner sur le pont deux heures après l'avoir embrassé, et lui avoir exprimé le plaisir de voir cesser une absence de six ans.

» Le frère cadet, contrebandier aussi, et

connu sous le nom d'*el Churro*, continua de faire la guerre aux Français à la suite du curé-soldat, pendant trois mois environ ; mais un jour, ayant voulu reprocher à Mérino la dureté de son caractère, celui-ci fit battre la générale, rassembla toute sa troupe sur la place de Lerma, et là, châtia inhumainement sa hardiesse, en le faisant passer par les verges. — Ce malheureux frère mourut quelques jours après des suites de cette flagellation barbare.

» Il ne restait plus que sa sœur. Elle s'est sauvée, et bien lui en prit ; car avec un être aussi brutalement atroce que Mérino, elle aurait fini par être victime d'un de ses accès de fureur. Aujourd'hui elle est mariée à Villahoz, à un fermier.

» De ces faits, qui peuvent donner une idée de son caractère, passons à d'autres particularités qui le feront encore mieux connaître.

» Mérino n'a pas plus de cinquante-huit ans. C'est un homme très-petit, très-fluet, mais doué d'une voix rauque et stentorée : ses traits sont profondément caractérisés, ses yeux grands et encavés ; il a les tempes si creuses, que, dans le pays, on le compare communément à un vieux cheval. Sa figure est décharnée et son regard effronté. Quelque fragile qu'il paraisse, il est pourtant d'une constitution très-robuste. Jamais homme ne supporta mieux et plus long-temps la fatigue. Il ne fume pas, ne boit pas de vin, mange arrêté dans sa tête ; de ce moment aussi date le mal qu'il fit alors à notre cause, et qu'il fait encore aujourd'hui dans la Vieille-Castille dont il est le roi, le dieu !

» Irrité dans son orgueil, il sort de la préfecture, court à l'hôtel où il était logé, saute à cheval, arrive à Cogollos (à une lieue de là), et fait entendre son cri : — *Aux armes !* Le soir, il était déjà sur la route de Lerma à la tête de 400 paysans, qui, à sa voix, avaient quitté leurs habitations, leurs terres, leur charrue, leurs enfans, leurs femmes, tout enfin, pour suivre cet être dont l'apparition produit sur eux une espèce de fascination. Le lendemain, il comptait plus de 1,400 hommes armés de fourches, d'arquebuses, de socs de charrue, de couteaux, et c'est avec cette bande indisciplinée, mais hardie et dévouée, qu'il parvint à s'emparer d'une trentaine de braves du régiment de Séville, lesquels furent fusillés à Fontèoso.

» Or, l'avis reçu par l'autorité était-il fondé? Rien n'est moins vraisemblable. Quelques heures avant que la lettre du préfet fût parvenue à Mérino (c'était un mercredi, mais j'ai oublié la date précise), il avait écrit à don Bartholomé Fernandez et à don Manuel Martinez, l'un juge de première instance, l'autre procureur du roi de Villahoz, pour leur *dire qu'ils eussent à l'attendre le samedi suivant ; car il voulait chasser avec eux une quinzaine de jours, revoir ses anciens amis, et embrasser sa sœur dont il s'était séparé depuis trois ans.* Avait-il alors des intentions hostiles? Je ne l'ai jamais pensé; mais on l'a aigri, on a blessé son orgueil, ce sentiment si irritable chez lui; et aujourd'hui le voilà à la tête des Castillans, lui homme ignorant, homme nul pour tout autre chose que la guerre, et pourtant très-puissant sur les esprits de ceux qu'il commande, et à la tête desquels il est si redoutable. »

On a annoncé que Saarsfield l'avait battu; mais que croit-on avoir gagné par cette victoire? Rien. On pourra le battre encore; qu'y gagnera-t-on? Rien. Ses bandes sont véritablement comme les têtes de l'hydre. On croirait que, nouveau Deucalion, il fait que les pierres se changent en hommes derrière lui. L'immortel Empecinado, cette victime de Ferdinand, Espinosa, Valdès, Amor, Obéron, ont été envoyés à la poursuite de ses soldats : ils les ont battus, détruits, pulvérisés : eh bien! le lendemain de chaque défaite, Mérino reparaissait avec un plus grand nombre de soldats, toujours ardent, toujours redoutable.

« Mérino est personnellement très-brave il est aussi très-heureux, et s'il n'est pas impossible de s'emparer de sa personne, c'est au moins une chose fort difficile. Il mène toujours deux chevaux avec lui, deux chevaux les plus beaux peut-être, et les mieux dressés de la Castille. Il les a tellement habitués à suivre un pas égal, que, quelle que soit la rapidité de sa course, ils vont toujours de front, et galopent comme s'ils ne faisaient qu'un. Lorsque Mérino sent que celui qu'il monte est fatigué, il saute sur l'autre sans avoir besoin de ralentir sa course d'une demi-seconde. C'est ainsi qu'il échappa aux *Lusi-tanos*, qui le battirent à Palenzuela, au commencement de 1823, sous les ordres d'Amor.

» Cet espace de quarante lieues qui sépare Burgos de Madrid, est pour lui un lieu de sûreté. Il parcourra toutes les villes, tous les villages qui y sont compris, avec quatre hommes seulement, sans avoir à redouter le moindre danger. Il n'y trouvera d'autres ennemis que les troupes envoyées à sa poursuite, et l'on sait avec quelle facilité il leur échappe.

» Quand Mérino fait la guerre, il met tout à feu et à sang; il s'empare des courriers, des effets, de tout ce qu'il croit appartenir au gouvernement contre lequel il s'insurge. Lorsque la fantaisie lui en prend, il n'épargne pas plus les courriers des cabinets étrangers que ceux de son gouvernement; mais si quelqu'un de ses gens s'avise de voler dans la maison d'un propriétaire pacifique, quelle que soit d'ailleurs son opinion politique, il est sûr d'expier son crime par une mort exemplaire. Le vol et le pillage sont sévèrement défendus à ses soldats. Mérino est de tous les hommes, l'homme le moins intéressé et le moins ambitieux. A l'époque de l'indépendance, il se vit maître, à Quintapalla, d'immenses richesses appartenant aux Français : il s'était emparé d'un convoi porteur de plusieurs millions et de riches effets. Eh bien! tout l'or, il le distribua à ses soldats, qui en furent gorgés ; quant à lui, il se contenta de garder quelques douzaines de bas de soie. »

Tel est, en abrégé et avec exactitude, ce qu'on a eu à raconter sur cet homme vraiment extraordinaire. On n'en finirait pas, si l'on voulait épuiser tout ce que l'on pourrait en dire encore : mais en voilà assez, je crois, pour donner une idée de ce chef de la contre-révolution d'Espagne, au nom de don Carlos, frère du dernier roi. Il serait à désirer que Mérino arrivât à un poste où il pût développer tout son caractère et tous les instincs cachés encore dans les replis de son âme ; nul doute qu'il ne donnât le type exquis de la laideur, de la férocité et de la bizarrerie humaines.

F I N.

Toulouse, Imprimerie de J.-M. Corne, rue Parga-minières, n.° 84.

très-peu, et ne prend, toutes les vingt-quatre heures, que quinze minutes de sommeil. Ceux qui sont sous ses ordres n'ont jamais vu Mérino passer une nuit avec eux. Dès que le soleil se couche, il fait arrêter ses troupes, leur ordonne de camper à tel endroit qu'il désigne, et suivi d'un seul domestique, il s'éloigne des siens, s'enfonce dans les forêts à trois ou quatre lieues, et ne reparaît que le lendemain au soleil levant.

» Mérino n'aime pas que sa troupe soit revêtue d'uniformes. Il laisse à chacun la faculté de s'habiller à sa guise; et quant à lui, il couvre son corps de quelques méchantes hardes, sa tête d'un mauvais chapeau. Lorsqu'il entre dans les villes, on le prend pour le dernier des soldats, ou plutôt pour un bandit échappé des galères; son costume et sa tournure n'indiquent pas un autre personnage.

» Ses armes pour la guerre sont le sabre, une paire de pistolets qu'il porte dans ses poches, et une espingole très-courte. Il y met à la fois seize ou vingt balles. La poudre qu'il met dans l'arme est appelée en espagnol *boca marta*, et pour la décharger, il est obligé de la placer sous le bras droit, et de tenir le bout du canon avec la main gauche pour résister à la secousse produite par l'explosion de cette arme terrible.

» Il est d'une cruauté, on pourrait dire d'une férocité dont on se ferait difficilement l'idée. Notre plume se refuse à tracer en dé-

tail les innombrables faits qui se présentent
à notre souvenir. Il suffira de dire que
pendant la guerre de l'indépendance et celle
qu'il fit au parti constitutionnel, on a compté
plus de quarante-huit alcades fusillés en sa
présence et par ses ordres. Jamais il n'accorda
la vie aux prisonniers qu'il fit. Les officiers
qui tombèrent dans ses mains furent tous
condamnés au supplice affreux qu'endura
Abeillard sous le couteau de l'oncle d'Héloïse,
et vingt-quatre heures après, il faisait fusiller
ceux de ces malheuseux à qui les tortures
n'avaient pas arraché la vie. Le dirai-je ? En
1810, il a brûlé vifs quatre-vingt-six prisonniers, en faveur desquels les prêtres et les no-
bles de Vilahoz s'étaient pourtant intéressés.

» La guerre de l'indépendance étant ter-
minée, Mérino fut nommé gouverneur de
Burgos ; quelques mois après, il perdit cet
emploi par ses procédés grossiers et sa con-
duite immorale. Cet homme réunit à l'igno-
rance la plus crasse, l'effronterie la plus
scandaleuse, et un cynisme de langage qui
fait rougir.

» Plus tard, il fut nommé chanoine de la
cathédrale de Valence ; mais sa manière étrange
et presque grotesque de se présenter au chœur,
déplut bientôt à ses confrères, qui ne lui épar-
gnèrent pas les critiques dans le monde. Quelqu'un l'avertit des plaisanteries dont il était
l'objet, et un jour que tous les chanoines
étaient réunis dans la cathédrale pour y ré-

gler quelques affaires, Mérino se présenta, commença par les apostropher d'invectives violentes; et comme quelques-uns d'entr'eux répondaient avec une certaine fermeté, il tira de la poche de sa soutane les pistolets qui ne le quittaient jamais, et les braquant sur les chanoines épouvantés, il les fit défiler un à un, tête basse, heureux qu'ils s'estimaient d'en être quittes à si bon marché.

» Cette aventure causa un grand scandale. Ferdinand l'apprit, et aussitôt il dispensa l'intraitable chanoine d'assister à l'office, bien que ses appointemens lui fussent intégralement conservés. Alors Mérino revint dans son pays, et fixa sa demeure à Tordueles, petit village voisin de Villoviado; là, il passait son temps à la chasse quand il ne s'occupait pas de la construction d'une fort belle maison qu'il possède encore aujourd'hui. Arriva la constitution de 1820.

» Ici, l'inimitié que nous portons à Mérino ne nous empêchera pas de faire entendre la voix de la vérité relativement à quelques faits que nous allons rapporter sur son compte.

» La première année de la constitution, Mérino resta fort tranquille chez lui. Dès la guerre de l'indépendance, il avait les prêtres et les moines espagnols en horreur; s'il eût régné quarante-huit heures, nous sommes certains que son premier décret aurait été l'ordre de faire massacrer (c'est sa méthode administrative) tous les gens d'église. Que l'on ne croie pas que ceci est inventé à plaisir ; cent fois il a tenu ce propos devant l'auteur de cette notice.

» On dira peut-être : — Pourquoi donc s'est-il révolté contre le système constitutionnel ? Pourquoi ? Demandez-le à un de nos préfets de cette époque : c'est l'imprudence seule de ce préfet qui nous a fait un ennemi de cet homme, dont le mécontentement est plus à craindre que l'insurrection de dix provinces. Voici comment l'affaire se passa :

» Ce préfet, que nous ne voulons pas nommer, reçut une lettre dans laquelle on lui annonçait que Mérino avait l'intention de se révolter contre la constitution. Sur cette indication vague, le préfet assigne Mérino devant l'autorité, sans lui indiquer le motif de cette assignation, et lui fait faire un voyage de onze lieues pour avoir à répondre sur les intentions qu'on lui prêtait. Là, Mérino fut très-mal reçu : sans lui expliquer pourquoi ni comment on avait jugé à propos de l'appeler, on le menace du cachot, de la potence même, si jamais il osait se soulever contre l'autorité des Cortès.

» Que c'était peu connaître Mérino ! Cet homme, profondémeat blessé et terrible dans ses froides vengeances, ne répondit rien à son interrogateur ; il se contenta de lui lancer un de ces regards qui sont chez lui si signifi-catifs. Dès ce moment, le projet de poursuivre à outrance le gouvernement des Cortès, fut